DU GOUVERNEMENT DE L'ÂME

SUIVI DU « COMBAT SPIRITUEL CONTRE LES SEPT
PÉCHÉS CAPITAUX » ET « EXERCICES SPIRITUELS »

SAINT BONAVENTURE

Traduction par
M. L'ABBÉ BERTHAUMIER

SSEL

TABLE DES MATIÈRES

DU GOUVERNEMENT DE L'ÂME

Avant tout, ô âme !   7

DU COMBAT SPIRITUEL CONTRE LES SEPT PÉCHÉS CAPITAUX

1. Du combat contre la gourmandise; de la nature de ce vice et des remèdes à y apporter   19
2. Du combat contre la luxure; de la nature de ce vice et des remèdes à y apporter   22
3. De l'avarice, et des remèdes qui y sont opposés   25
4. De la colère et des remèdes qui lui sont opposés   27
5. De la nature de l'envie, de son origine, et des remèdes à y opposer   29
6. De la paresse, et des remèdes à y opposer   33
7. De la tristesse, et du combat qu'il faut lui opposer   35

8. De la vaine gloire, et des remèdes qui lui sont propres — 37
9. De l'orgueil, et des remèdes qui lui sont propres — 40

EXERCICES SPIRITUELS

I. — 47
II. — 48
III. — 50
IV. — 52
V. — 53
VI. — 54
VII. — 55
VIII. — 56
IX. — 57
X — 58
XI. — 59
XII. — 60
XIII. — 61

DU GOUVERNEMENT DE L'ÂME

AVANT TOUT, Ô ÂME !

Avant tout, ô âme ! il est nécessaire que vous ayez du Dieu très-bon les sentiments les plus élevés, les plus pieux et les plus saints; ou autrement, vous devez croire en lui avec une foi inébranlable, le considérer avec un esprit attentif, et arrêter sur lui avec admiration l'oeil pénétrant de votre raison. Or, vous aurez de Dieu les sentiments les plus élevés si, fixant sur lui vos regards avec fidélité, réflexion et amour, vous croyez que son immense puissance conserve toutes choses après les avoir tirées du néant, que sa sagesse infinie gouverne et ordonne tout, que sa justice éternelle embrasse tout et rend à tous selon les droits de chacun. Vous aurez, dis-je, de lui de tels sentiments, si ce spectacle vous plonge dans l'admiration, si vous vous efforcez d'en connaître les merveilles, si, sortant de vous-même, et cependant rentrant en vous et vous élevant au-dessus de vous, vous vous écriez en toute vérité : « *Seigneur, les filles de Juda ont tressailli de joie à cause de vos jugements, parce que vous êtes le Seigneur Très-Haut qui avez l'empire sur toute la terre, et que vous êtes élevé au-dessus de tous les dieux*[1]. »

Vous aurez de Dieu les sentiments les plus pieux, si vous admirez, si vous embrassez, si vous bénissez sa miséricorde comme s'étant montrée pleine d'une charité souveraine en s'unissant à notre humanité et à notre mortalité ; pleine d'une tendresse inépuisable en se soumettant aux tourments de la croix et à la mort; pleine enfin d'une libéralité sans mesure dans l'envoi de l'Esprit-Saint, dans l'établissement des sacrements, et dans la communication sans réserve qu'elle nous fait de notre Dieu lui-même au sacrement de l'autel. Vous aurez, dis-je, de tels sentiments si ces considérations vous portent à vous écrier du fond du coeur : « *Le Seigneur est bon envers tous, et ses miséricordes s'étendent sur tous les ouvrages de ses mains. Que toutes vos oeuvres vous louent donc, ô Seigneur ! et que vos saints vous bénissent*[2]. »

Vous aurez de ce même Dieu les sentiments les plus saints si, reconnaissant son inexplicable sainteté, vous l'admirez, la louez, et vous écriez avec les Séraphins : « *Saint, saint, saint est le Seigneur*[3] » Il est saint d'abord en ce qu'il possède en lui-même une sainteté si souveraine et si parfaite qu'il est impossible qu'il puisse vouloir quelque chose qui ne soit pas saint. Il est saint ensuite en ce qu'il aime si parfaitement la sainteté dans les autres qu'il ne saurait jamais retirer les dons de sa grâce, ni refuser les récompenses de la gloire à ceux qui conservent véritablement la sainteté. Enfin, il est saint en ce qu'il a une telle horreur pour ce qui est opposé à la sainteté, qu'il ne pourrait jamais voir sans indignation le péché, ne point le réprouver, ni le laisser impuni. Si vous avez de lui de tels sentiments, vous chanterez avec le saint Législateur de son peuple : « *Dieu est fidèle dans ses promesses, il est éloigné de toute iniquité ; il est rempli de justice et de droiture*[4]. »

Tournez ensuite les regards de votre esprit vers la loi du Seigneur qui vous ordonne d'offrir au Dieu très-haut un coeur humble, au Dieu très-pieux un coeur dévoué, au Dieu très-saint un coeur sans tache. Or, vous offrirez au Dieu très-haut un coeur humble par le respect de votre âme, l'obéissance de vos actions, la glorification de son nom en vos paroles et en toute votre personne ; en un mot, en agissant de telle sorte que, selon la règle et la doctrine de l'Apôtre, *vous fassiez tout pour la gloire de Dieu*[5] »

Vous offrirez au Dieu très-pieux un coeur plein de dévotion en lui parlant par de ferventes prières, en le goûtant en de suaves méditations, en lui adressant de fréquentes actions de grâces, et en faisant ainsi monter en tout temps votre âme jusqu'à lui à travers le désert comme une vapeur d'aromates, de myrrhe et d'encens, selon que nous le lisons de l'Épouse des Cantiques[6].

Vous offrirez enfin à votre Epoux très-saint un coeur sans tache si ce coeur demeure étranger par la pensée, l'affection et le consentement, à tout plaisir de la chair ; si aucun amour pervers et terrestre n'y trouve place, et si, rejetant loin de vous toute souillure du péché, vous pouvez vous écrier avec le Prophète : « *Que mon coeur se conserve pur dans la pratique de vos ordonnances pleines de justice, afin que je ne sois point dans la confusion*[7]. »

Considérez donc avec attention et voyez si vous avez observé toutes ces choses depuis votre enfance. Si vous trouvez qu'il en a été ainsi, ne vous en attribuez pas le mérite, mais renvoyez-en la gloire à Dieu, et rendez-lui-en grâces. Si, au contraire, il vous est arrivé d'avoir manqué une ou plusieurs fois en un seul ou plusieurs points ou même en tous, soit gravement ou légèrement, soit par faiblesse ou négligence, ou de science certaine, alors appliquez-vous à vous réconcilier avec Dieu par des gémissements inénarrables. Et afin de pouvoir lui offrir la satisfaction qui lui est due, armez-vous d'un tel esprit de courage que vous puissiez dire et chanter en toute vérité avec le roi pénitent : « *Je suis préparé à souffrir tous les châti-*

ments, et ma douleur est continuellement devant mes yeux[8]. »

Or, la douleur, afin de purifier l'âme et satisfaire à Dieu, doit avoir deux compagnes : la crainte des divins jugements et l'ardeur des saints désirs. Par la crainte vous recouvrerez un coeur humble ; par les désirs un coeur fervent, et par les pleurs un coeur exempt de tache.

Craignez donc les jugements de Dieu, qui sont un abîme sans fond. Craignez beaucoup, dis-je, de déplaire encore au Seigneur, bien que vous ayez déjà marché dans le chemin de la pénitence. Craignez encore plus de retomber dans le péché. Craignez par-dessus tout d'être séparée à la lin de Dieu, d'être privée pour toujours de sa lumière, de brûler dans le feu éternel, d'être consumée par le ver qui ne mourra point, si par une pénitence véritable vous ne sortez de cette vie dans la grâce, et ainsi écriez-vous avec le Prophète : « *Percez mes chairs de votre crainte, car vos jugements me remplissent d'effroi*[9]. »

Pleurez aussi et soyez dans la peine à cause des péchés que vous avez commis. Pleurez beaucoup l'anéantissement de tous les biens reçus du ciel; pleurez encore plus l'outrage fait à Jésus-Christ descendu pour vous sur la terre, attaché pour vous à une croix, mais pleurez par-dessus tout le mépris dont Dieu a été l'objet lorsque vous avez, en transgressant ses lois, déshonoré sa majesté, renié sa vérité, offensé sa bonté, lorsque vous avez, en vous opposant à ses desseins, à ses volontés et à ses jugements, affaibli, défiguré, bouleversé l'ordre universel par l'abus que vous avez fait de tout ce qui vous était soumis à cause de Dieu, par l'abus de la nature, des saintes Ecritures, de la justice, de la miséricorde, des dons gratuits, des récompenses promises. Considérez attentivement toutes ces choses, et pleurez avec amertume comme on pleure la mort d'un fils unique. Que vos larmes coulent comme un torrent le jour et la nuit; ne souffrez aucun repos et ne donnez en ce point aucun sommeil à vos yeux.

Néanmoins ne cessez point de désirer les dons célestes du divin amour, et élevez-vous vers le Dieu qui a souffert vos péchés avec tant de patience, qui vous a attendue avec tant de longanimité, ramenée à la pénitence avec tant de miséricorde, en vous accordant le pardon, en répandant sa grâce en vous, en vous promettant la couronne. Mais ayez soin pour cela de lui offrir, ou plutôt, pour que vous le puissiez véritablement, qu'il vous donne lui-même de lui offrir le sacrifice d'une âme brisée par la douleur, d'un cœur contrit et humilié; le sacrifice d'une componction pleine d'amertume, d'une confession sincère, d'une satisfaction proportionnée à vos offenses. Désirez, dis-je, avec ardeur que Dieu vous montre son amour en vous communiquant largement son Saint-Esprit. Désirez avec plus d'ardeur encore d'être conforme à sa volonté par une imitation parfaite de Jésus crucifié. Mais désirez par-dessus tout la possession entière de Dieu par la vision sans nuage du Père éternel, et que ce désir soit tel que vous puissiez vous écrier avec le Prophète : « *Mon âme a soif du Dieu fort, du Dieu vivant. Quand viendrai-je et paraîtrai-je devant la face de mon Dieu*[10] ? »

Si vous voulez acquérir intérieurement cet esprit de vie, de crainte, de douleur et d'amour, ayez soin de vous exercer en toute occasion au-dehors à la modestie, à la justice et à la piété, de telle sorte que, selon l'enseignement de l'Apôtre, renonçant à toute iniquité et à tous les désirs terrestres, votre vie en ce monde soit une vie de tempérance, de justice et de piété[11].

Ainsi, exercez-vous à la modestie en tout genre, et que, selon la doctrine du même Apôtre, « *votre modestie soit connue de tout le monde*[12]. » Exercez-vous à une modestie d'économie dans la nourriture et le vêtement, dans le sommeil et les veilles, sans jamais excéder en rien; à une modestie de conduite, en modérant votre silence et vos entretiens, votre douleur ou votre joie, votre douceur ou votre sévérité, selon que le besoin l'exige et que la droite raison l'indique. Exercez-vous à une modestie d'honnêteté, par la dignité, la convenance et le bon ton dans vos actions, vos mouvements, vos gestes, vos vêtements : ou autrement dans tout votre extérieur, dans vos membres, dans vos sens, selon que l'honnêteté morale ou l'observance régulière le demande, et agissez en cela de telle sorte que vous soyez digne de compter au nombre de ceux à qui l'Apôtre dit : « *Que parmi vous tout se passe selon l'ordre et l'honnêteté*[13]. »

Exercez-vous aussi à la justice, afin qu'on puisse avec raison vous adresser ces paroles du psaume : « *Régnez à cause de la vérité, de la douceur et de la justice que vous possédez.* » Exercez-vous, dis-je, à une justice intègre par le zèle du divin amour, par l'observance de la loi de Dieu, par le désir du salut de vos frères; à une justice d'ordre par l'obéissance à vos supérieurs, par l'union avec vos égaux, par la vigilance sur vos inférieurs; à une justice parfaite par l'adhésion à toute vérité, par l'amour de tout ce qui est bien, par la haine de toute méchanceté, et cela non-seulement en votre coeur, mais en vos paroles et en vos actions, ne faisant jamais à personne ce que vous ne voudriez pas vous être fait, ne refusant jamais à un autre ce que vous verriez avec peine vous être refusé. Vous serez de la sorte une imitatrice parfaite de ceux à qui il a été dit : « *Si votre justice n'est plus abondante que celle des Scribes et des Pharisiens, vous n'entrerez pas dans le royaume des cieux*[14]. »

Enfin, exercez-vous à la piété, car l'Apôtre a

dit: « *La piété est utile à tout : elle a pour elle les promesses de la vie présente et celles de la vie future*[15]. » Exercez-vous, dis-je, à la piété qui a pour but le culte divin, apportant une vive attention, une dévotion sincère et un respect profond à réciter les heures canoniales, à confesser chaque jour et à pleurer vos péchés, à recevoir la très-sainte Eucharistie aux temps marqués et à entendre tous les jours la messe; à la piété qui a pour but le salut des âmes, en leur venant en aide par des prières fréquentes, par de bonnes exhortations, et par la prédication de vos saints exemples, en sorte que celui qui vous entend s'écrie : « *Je marche à votre suite.* » Agissez cependant en cela avec une sagesse telle que votre propre salut n'en éprouve aucun dommage. Exercez-vous à la piété qui a pour but le soulagement des souffrances corporelles, en les supportant avec patience, en leur prodiguant les consolations avec tendresse, en leur venant en aide avec humilité, avec joie et compassion. C'est ainsi que vous serez parfaite en la loi divine, car l'Apôtre a dit : « *Portez les fardeaux les uns des autres, et de la sorte vous accomplirez la loi de Jésus-Christ*[16]. »

Maintenant, si vous voulez mettre en pratique tout ce que je viens de vous indiquer, je crois que le moyen le plus puissant, c'est de vous souvenir sans cesse de Jésus crucifié, c'est de porter en tout temps votre Bien-aimé, comme un bouquet de myrrhe, sur votre coeur[17]. Daigne vous accorder cette grâce celui qui est béni dans tous les siècles.

Ainsi soit-il.

---

1. Ps. 96.
2. Ps. 144.
3. Is., 6.
4. Deuter., 32.
5. I. Cor., 10.
6. Cant., 5.
7. Ps. 118.
8. Ps. 37.
9. Ps. 118.
10. Ps. 41.
11. Ad tit. 2.
12. Philip., 4.
13. I Cor., 14.
14. Mat., 5.
15. I Tim., 4.
16. Galat., 6.
17. Cant., 1.

DU COMBAT SPIRITUEL CONTRE LES SEPT PÉCHÉS CAPITAUX

1
DU COMBAT CONTRE LA GOURMANDISE ; DE LA NATURE DE CE VICE ET DES REMÈDES À Y APPORTER

Allons ! soldats du Christ, qui êtes prêts à commencer le combat spirituel, revêtez-vous de l'armure de Dieu; prenez en main le glaive et le bouclier; le glaive de la force et du courage, le bouclier de la patience, afin d'être inébranlables au milieu des assauts et des peines. C'est contre la gourmandise que nous allons d'abord diriger nos efforts; car, tant qu'elle domine en nous, nous sommes incapables de bien reconnaître les coups plus obscurs que nous portent les autres vices. « Beaucoup, nous dit saint Grégoire, entreprennent des choses grandes et difficiles; mais, parce qu'ils n'ont pas vaincu la gourmandise, ils perdent honteusement ce qu'ils avaient acquis au prix d'efforts glorieux. » En effet, celui qui ne peut renverser ses ennemis dans ses propres domaines, c'est-à-dire dans son corps même, comment les vaincra-t-il dans une terre éloignée ?

La gourmandise est donc un amour désordonné et immodéré de la nourriture.

Or, tout ce qui tend à occuper intérieurement et d'une manière utile les facultés de l'âme; tout ce qui contribue à augmenter ses désirs intérieurs; tout cela, dis-je, offre un remède contre la gourmandise, et, qui mieux est, contre tous les vices de la chair. C'est ce qu'enseigne saint Jérôme en écrivant à Rustique : « Aimez, lui dit-il, la science des Ecritures, et vous serez sans amour pour les vices de la chair. » C'est encore ce qui fait dire à saint Jean Climaque, homme très-versé en toutes ces matières, que le manque de souffrances et l'oubli de la mort sont une occasion de gourmandise[1]. Et pour tout dire en un mot, l'absence ou le vide des bons désirs, des saintes méditations, est la source ou l'accroissement principal des péchés de la chair. Le remède à y opposer est donc une crainte profonde de la mort, du jugement et de l'enfer; le désir toujours persévérant du royaume céleste, de la perfection, ou tout autre bon sentiment intérieur, comme la dévotion et surtout la componction, les larmes, la prière; car tout cela contribue à remplir le coeur de l'homme, et, selon saint Jérôme, un désir chasse un autre désir, une affection bannit une autre affection[2].

C'est la sobriété qui devrait défendre contre la

gourmandise les remparts où nous tenons renfermé tout ce qu'il y a en nous de concupiscence; car c'est une vertu qui ne permet de prendre qu'avec une juste modération les aliments corporels. C'est à elle qu'il appartient avant tout d'être notre gardienne contre ce vice. Veillez donc pour ne point outre-passer les limites en ce qui concerne la qualité de la nourriture.

Il est plus difficile de discerner ce qui convient relativement à la quantité, et cependant il peut y avoir pour tous une règle qui aide à nous contenir : c'est de ne jamais se rassasier, ni se charger d'aliments autant que la capacité de chacun pourrait le permettre.

Le premier degré de la sobriété c'est de souffrir avec patience et sans nous plaindre lorsque nous ne pouvons avoir selon notre désir, soit à boire, soit à manger.

Le second degré c'est de consentir par amour pour la sobriété et la pauvreté, et aussi par désir du bon exemple, à nous passer de ce que nous pourrions nous procurer.

Le troisième degré c'est de se priver de bon cœur de tout ce que nous possédons de propre à flatter notre goût.

---

1. Clim., grad., 14.
2. Hier., Epist. ad Rust.

2
DU COMBAT CONTRE LA LUXURE ; DE LA NATURE DE CE VICE ET DES REMÈDES À Y APPORTER

Si, au lieu de vaincre la gourmandise, vous vous laissez dominer par elle, elle appellera aussitôt à sa suite sa sœur la luxure, dont vous pourrez reconnaître la présence aux indices que sa nature elle-même vous rendra sensibles. Elle allumera aussitôt en la partie sensible de votre âme l'amour, l'inclination, la passion pour les personnes d'un sexe différent; ou bien elle excitera des mouvements en votre chair, et vous pouvez le comprendre par les impressions de concupiscence qui se font sentir en votre corps. Quelquefois son action s'exerce principalement sur l'âme par le désir d'actes illicites, ou l'affection pour une personne qu'on aime d'un amour coupable. Vous pouvez vous faire une idée de ce genre d'affection par les sentiments que fait naître en vous l'image empreinte en votre imagination de personnes d'un autre sexe.

Or, contre un tel vice, le combat est long et pénible, ou plutôt nous sommes impuissants contre lui, réduits à nos seules forces. C'est pourquoi le remède radical, selon saint Augustin, en plusieurs endroits où il traite de la continence au livre de ses Confessions, et selon les autres saints, le remède capital c'est d'humilier son coeur, de reconnaître sa propre fragilité, et de recourir à la miséricorde divine. Il y a aussi quelques autres remèdes qui contribuent à éloigner de l'âme la luxure ; ce sont : la contrition du coeur, la prière fréquente, la méditation continuelle de la mort, de l'enfer, et d'autres sujets semblables. Et la raison, vous la comprenez par ce que nous avons dit de la gourmandise. De même l'exactitude à réprimer toute affection perverse, toute pensée mauvaise; ce que l'on fait en y substituant des pensées pieuses et de saints désirs. De même encore, il faut ranger parmi les remèdes contre la luxure, l'abstinence de la viande, le jeûne, mais surtout un jeûne égal et modéré, et le travail des mains qui empêche les évagations multipliées de notre coeur.

Il y a aussi quelques moyens directs à employer contre ce vice, soit qu'on le considère comme résidant dans notre corps ou comme résidant dans notre âme. Ces moyens sont : la garde empressée de nos sens, car ils sont les ouvertures qui lui donnent entrée en nous; la fuite de toute familiarité et société avec les personnes d'un autre sexe, et la fidélité à ne point demeurer seul, à ne point converser seul avec elles seules, surtout dans un lieu à l'écart, et à ne point fréquenter leurs maisons, selon les enseignements de saint Jérôme[1].

Le premier degré de la chasteté consiste à s'abstenir courageusement de tout acte charnel avec la ferme résolution d'agir toujours ainsi, et de refuser en tout temps son consentement à tout mouvement impur que l'on pourrait éprouver.

Le second degré consiste à employer les remèdes que nous venons d'indiquer et autres semblables, afin de soumettre la chair à l'esprit, et de rendre les tentations plus rares; et il faut savoir que cette sorte de tentation se réprime plus facilement par une volonté bien arrêtée que par des efforts violents.

Le troisième degré consiste à avoir soumis de telle sorte la concupiscence de la chair qu'on n'en ressente plus les mouvements que très-faiblement et à de rares intervalles ; et ensuite d'être dans une telle disposition habituelle qu'on ne puisse entendre parler ou parler soi-même de ces choses qu'avec dégoût et horreur.

---

1. Epist. ad nepotian.

3

DE L'AVARICE, ET DES REMÈDES QUI Y SONT OPPOSÉS

Après la luxure vient l'amour de l'argent ou l'avarice. Cette passion s'attaque à ceux qui sont tièdes dans le service de Dieu ; mais rarement elle s'adresse à ceux qui combattent avec courage, surtout s'ils vivent sous l'autorité ou la tutelle d'un autre. Le remède à opposer à un tel vice, c'est d'exercer la profession que vous connaissez, afin de gagner par le travail de vos mains de quoi vivre et de quoi vous vêtir, et de borner là tous vos désirs. Mettez votre confiance en Dieu : il n'abandonne point ceux qui espèrent en lui.

Si vous voulez que je vous indique le remède souverain pour vaincre parfaitement l'avarice, le voici : « abandonnez tout ce que vous possédez, et confiez-vous à la garde d'un supérieur, en vivant avec les autres en communauté. Mais en tout cas il faut contre un tel vice s'opposer aux commencements, ne pas même souffrir en son cœur le désir de quoi que ce soit. Car, s'il est facile de le vaincre lorsqu'on le prend ainsi à sa naissance, une fois que nous lui avons donné entrée en nous, il devient le plus difficile de tous les vices à expulser.

Le premier degré, si l'on veut faire des progrès contre l'avarice, c'est le mépris du monde, c'est de ne posséder rien injustement, de ne point abuser de ses richesses pour commettre le péché, et de faire l'aumône.

Le second degré c'est de ne rien avoir de superflu, mais de se contenter du nécessaire. Beaucoup, il est vrai, étendent fort loin cette nécessité; mais il n'est pas sûr en bien des choses de nous en rapporter à nous-mêmes; il faut plutôt prendre conseil d'un autre.

Le troisième degré c'est de ne rien posséder en ce monde, mais d'user seulement de ce qui nous est nécessaire, et de souffrir fréquemment la pauvreté dans le boire, le manger et le vêtement.

4
DE LA COLÈRE ET DES REMÈDES QUI LUI SONT OPPOSÉS

Les trois vices dont nous venons de parler s'adressent en nous à la concupiscence, et le quatrième, qui est la colère, à l'irascibilité. C'est une bête méchante qui se déchire soi-même et scandalise les autres; c'est un poison mortel qui tue l'âme, et en éloigne le Saint-Esprit. Lorsque ce vice est arrivé à prendre place dans la partie irascible de notre âme, il y introduit aussitôt toute sa famille. Ce sont les querelles, les airs dédaigneux, les injures, les cris, les emportements, les blasphèmes.

Les remèdes contre la colère sont d'abord de mettre un frein à sa langue en gardant le silence, et ensuite d'étouffer en son coeur la flamme qui y est allumée. Remarquez que, selon saint Ambroise, dans son livre des offices[1], le vrai soldat de Jésus-Christ doit arriver par la crainte et la méditation de la mort, et surtout par une pieuse componction (qui est, dit saint Jean Climaque, à la colère et à l'indignation ce que l'eau est au feu[2]), à réprimer en soi les mouvements de la colère et à s'adoucir de telle sorte que la tranquillité de l'âme lui devienne par l'habitude, l'amour et le ferme propos, une seconde nature. C'est encore un puissant moyen contre la colère, toutes les fois qu'on s'y est laissé aller, de se reprendre sévèrement quand l'émotion est apaisée, de s'adresser des reproches et de se reconnaître humblement coupable du fond de son coeur en demandant pardon à ceux qu'on a offensés.

Les degrés par lesquels on s'élève contre la colère sont connus par ce que nous venons de dire.

Le premier c'est de lui résister en retenant sa langue, en commandant aux mouvements de son corps, pour que rien ne paraisse au dehors.

Le second c'est d'arriver par la pratique à ne point se troubler de ce qui petit nous blessait, et à agir comme si l'on était dans un lieu fort où l'on n'a à s'inquiéter en rien de ce qui nous est contraire.

Le troisième c'est de se réjouir et de se glorifier dans les tribulations lorsqu'elles sont présentes, et de les désirer lorsque nous ne les avons pas.

---

1. Lib. 2. c. 21.
2. Grad., 8.

5
DE LA NATURE DE L'ENVIE, DE SON ORIGINE, ET DES REMÈDES À Y OPPOSER

Le cinquième combat est dirigé contre l'envie, que saint Grégoire range au nombre des péchés capitaux parce qu'elle donne naissance par elle-même à d'autres péchés[1]. Si Cassien et saint Isidore ne la mettent pas en ce rang, c'est sans doute parce qu'elle-même tire son origine d'un péché de cette sorte. Or, pour bien en reconnaître en vous la nature par son effet, vous devez savoir que l'envie est une douleur du bien du prochain, et ainsi l'objet de ce vice est le bien de nos frères en tant qu'il est pour nous un mal.

Or, cela peut arriver de deux ou trois manières. D'abord en tant que nous sommes exposés par ce bien à quelque malheur ; ainsi nous voyons avec peine que notre ennemi ou un autre qui ne nous plaît pas, devienne notre supérieur, parce que nous craignons qu'il ne nous afflige ; et en cela il n'y a point de péché. Quelquefois nous nous attristons lorsque nous considérons le bien du prochain, non que nous lui portions envie, mais parce que nous déplorons d'être privés d'un bien semblable; et cela peut être un zèle louable, car c'est avec une telle envie que nous devrions tendre à l'humilité, à la charité et à l'obéissance. Enfin il arrive aussi que nous sommes jaloux du bien du prochain en tant qu'il est une diminution du nôtre et surtout de notre gloire. Aussi est-ce principalement dans les choses qui ont pour objet la gloire que se trouve l'envie ; et les hommes vains, glorieux et pusillanimes sont généralement envieux, car ils craignent que leur gloire ne vienne à s'amoindrir, ils redoutent aisément qu'on ne l'emporte sur eux. Cette envie, en quelque lieu qu'elle s'établisse, traîne à sa suite ses filles, qui sont la haine, les murmures, la médisance, la joie du malheur des autres, la peine de leur bonheur.

Or, l'amour du prochain chasse l'envie, et c'est pourquoi nous allons en parler un peu. D'abord, nous dirons par quels moyens nous pouvons conserver entre nous cet amour mutuel; et ensuite, comment chacun doit se conduire pour être aimé des autres et les aimer soi-même. De la sorte, on aura contre l'envie des remèdes suffisants.

Vous devez savoir que la charité parfaite, véritable et permanente ne se conserve inviolablement qu'entre ceux qui ont un même but, une même volonté, et qui sont en quelque sorte purs de tout vice, selon qu'il est dit dans la seizième conférence de Cassien. Ainsi la charité suprême se trouvera dans le ciel, et la charité véritable se serait rencontrée dans le paradis terrestre, si l'homme n'eût point péché. Cependant, il y a quelque moyen pour acquérir et conserver entre nous la charité alors même qu'elle ne serait point parfaite.

Le premier, qui est aussi un remède souverain contre l'envie, consiste à mépriser du fond de son cœur et à fouler aux pieds tout ce qui, dans le monde, peut donner naissance aux contestations, aux disputes, à la jalousie, comme les richesses, les honneurs, etc.

Le second c'est de ne point se confier en sa propre sagesse en suivant sa volonté propre, et en refusant d'acquiescer aux vues des autres, ce qui engendre surtout la discorde et la rancune.

Le troisième moyen c'est de savoir préférer le bien de la charité à ce qui nous est utile et même nécessaire. En effet, quand j'aurais une foi à transporter les montagnes; quand je parlerais la langue de tous les hommes et des anges, si je n'ai point la charité, tout cela ne me servira de rien. C'est pourquoi nous devons, en toutes nos actions, considérer par-dessus tout la charité envers nos frères. Et il n'y a rien que les anges et le Seigneur des anges désirent autant, trouver en nous que l'union fraternelle et la charité mutuelle.

Le quatrième moyen consiste pour chacun à éviter avec le plus grand soin la colère et tout ce qui peut offenser les autres. S'il arrive que nous ayons péché contre notre frère, il faut lui en demander pardon avec humilité : si, au contraire, notre frère a conçu sans motif de l'aversion contre nous, appliquons-nous, autant que nous le pouvons, à faire notre paix avec lui. — Tout cela est tiré de la seizième conférence des Pères du désert.

---

1. Mor., lib. 31, c. 17.

6
DE LA PARESSE, ET DES REMÈDES À Y OPPOSER

Le sixième combat se livre contre la paresse. Il est dans la nature de ce vice d'engendrer le dégoût du bien, de produire en l'âme l'engourdissement et de plonger l'esprit dans la tristesse. Il rend enclin au sommeil et à la dissipation, inspire l'horreur de la retraite, l'ennui de la solitude, le mépris et le dédain de ses frères, et ne se plaît en aucun travail, surtout si c'est un travail spirituel, et quelquefois même il porte à s'occuper de quelque oeuvre manuelle afin d'avoir un prétexte de laisser de côté les exercices de l'esprit, l'oraison et autres pratiques semblables. Les conséquences d'un tel vice sont la malice, la joie à former des projets pervers, le désespoir, la pusillanimité, la rancune ou la haine invétérée, la nonchalance dans tout ce qui concerne les commandements de Dieu, et l'effusion de l'âme sur ce qui est défendu.

Le remède souverain contre la paresse, c'est de ne jamais se laisser aller à l'ennui, de courir au-devant en le combattant courageusement, et de le vaincre par le travail. Cependant chacun peut varier ses occupations : tantôt prier, tantôt lire, tantôt méditer, etc. Si une chose ne plaît pas, on peut en faire une autre, et agir vis-à-vis de soi comme on agit vis-à-vis d'un malade dont le goût est gâté et à qui l'on offre toutes sortes d'aliments. Un travail manuel également varié sert aussi contre cet ennui du coeur, et à ce travail vient se joindre, comme un puissant auxiliaire, la componction. En effet, celui qui pleure sur lui-même, dit saint Jean Climaque, ne sait ce que c'est que la paresse[1]. Que ce tyran soit donc enchaîné par le souvenir de nos offenses et de nos crimes; qu'il soit mis à mort par le travail des mains et par la méditation sérieuse des récompenses futures.

---

1. Grad., 13

7
DE LA TRISTESSE, ET DU COMBAT QU'IL FAUT LUI OPPOSER

Remarquez que la mauvaise tristesse peut se considérer sous un double point de vue, soit en général soit en particulier. Elle s'appelle tristesse d'une manière générale quand on l'envisage dans ses rapports avec toutes les passions; car c'est le propre de toute passion d'engendrer la peine ou le plaisir selon qu'elle se met en possession de l'objet qu'elle convoite, ou qu'elle est frustrée. Plus vous surmonterez cette tristesse, plus vous arracherez de votre cœur un grand nombre de vices. Si vous êtes fort contre elle, beaucoup de ces vices disparaîtront; si vous êtes faible, leur diminution sera insensible; et si vous en triomphez entièrement, vous donnez la mort à tous. Mais qui arrivera jamais jusque-là?

On l'appelle tristesse d'une manière spéciale

quand elle est un ennui des choses divines, et ainsi elle peut rentrer dans la paresse. La cause de la tristesse se connaît difficilement, car elle a autant de causes qu'il y a en nous de vices aimés ou d'affections perverses.

Contre ces deux vices, la paresse et la tristesse, combat la charité envers Dieu qui n'est jamais oisive. Or, on arrive à cette vertu par un triple degré.

D'abord, en usant de telle sorte de ce qui nous est permis, que nous ayons toujours soin de nous abstenir de ce qui nous est défendu.

En second lieu en accomplissant avec empressement et avec une grande ferveur tout ce qui tient au service de Dieu, et en excitant dans les autres un pareil sentiment.

Et enfin, en se portant vers Dieu avec autant d'ardeur que si l'on ne pouvait vivre sans lui.

On trouve encore un secours contre la tristesse dans de pieux entretiens, dans le souvenir de la bonté et de la miséricorde de Dieu et dans de saints cantiques, comme l'enseigne saint Paul aux Éphésiens[1].

---

1. Ephes., 5.

8
DE LA VAINE GLOIRE, ET DES REMÈDES QUI LUI SONT PROPRES

Si vous parvenez à vaincre tous les vices dont nous avons parlé (ce qui ne peut se faire sans de grands efforts et des peines nombreuses); si, dis-je, vous en arrivez là, c'est alors surtout qu'il faut vous précautionner contre la vaine gloire; car elle se glisse avec tant d'art parmi les vertus que c'est à peine si les hommes spirituels peuvent toujours la reconnaître. Or, elle est vaine de toute manière, et elle fait pénétrer en tout la vanité : dans le vêtement, dans le maintien, dans la conversation, dans le silence. Si vous êtes revêtu d'un habit précieux, vous la trouvez avec vous; si vous êtes humble, elle s'exalte encore plus; si vous parlez, elle se réjouit de ce que vous avez dit; si vous gardez le silence, elle applaudit, à votre humilité. Elle fait naître en vous la pensée, elle vous imprime un désir ardent de ce qui est une cause de louange et d'honneur, quand même il faudrait pour cela s'exposer à de grands dangers et à de pénibles travaux ; et alors elle donne à ceux qui lui sont dévoués un courage plus grand que l'espérance de la béatitude à ceux qui combattent pour elle.

C'est cette même bête qui fait soupirer après les degrés de la cléricature, du diaconat, du sacerdoce. Et cependant lorsqu'elle pousse quelqu'un à ces honneurs, elle se garde bien de le faire ostensiblement, de peur qu'on ne l'accuse de les avoir ambitionnés. Voyez à ce sujet ce que dit Cassien au livre des Institutions monastiques. Non, jamais on ne saurait décrire toutes les formes que prend un pareil monstre. En quelque lieu que vous le repoussiez, il tient toujours comme un chardon sa pointe dirigée contre vous; et semblable à l'ail, si vous lui enlevez une enveloppe, vous le retrouverez couvert d'une autre. Qu'il s'introduise quelque part, il traîne perfidement à sa suite des enfants dignes de sa perversité. Ce sont l'insubordination, les querelles, la jactance, l'hypocrisie, l'entêtement, la discorde, la présomption ou l'invention des nouveautés.

Si donc vous désirez vaincre la vaine gloire, apportez un soin suprême à ne jamais rien entreprendre par un motif de vanité, vous rappelant cette parole du Sauveur : « Ils ont reçu leur récompense[1] ; » cette autre du Prophète : « Dieu a dispersé les ossements de ceux qui ne cherchent qu'à plaire aux hommes : ils ont été dans la confusion, parce que Dieu les a méprisés[2] ; et encore cette autre de l'Apôtre : « Si je plaisais aux hommes, je ne serais point serviteur de Jésus-Christ[3]. » Efforcez-vous ensuite de préserver des atteintes de ce même vice avec un soin non moins grand tout ce que vous avez commencé avec une intention droite. Et enfin celui qui veut demeurer vainqueur en ce combat doit éviter en tout temps tout ce qui est singulier, tout ce qui peut procurer la louange et l'honneur. « Car, selon saint Jean Climaque, un principe de ruine pour la vaine gloire c'est la garde de notre langue, l'amour d'une société peu élevée, la joie d'une ignominie profonde, et le bonheur que nous éprouvons à paraître misérables en présence de la multitude[4]. » — « L'unique remède contre la vaine gloire, dit saint Jean Chrysostôme, c'est de prier Dieu qu'il daigne nous en délivrer. »

---

1. Mat., 6.
2. Ps. 52.
3. Galat., 1.
4. Grad. 21.

9
DE L'ORGUEIL, ET DES REMÈDES QUI LUI SONT PROPRES

Enfin il faut, en dernier lieu, attaquer l'orgueil lui-même, le chef et la racine de tous les vices, l'abîme dévorant de toutes les vertus; l'orgueil, dont la force et la violence sont telles qu'il a chassé Lucifer du ciel. Et cependant David encore enfant mit sa confiance dans le Seigneur, et par son humilité il terrassa Goliath, malgré la grandeur démesurée de sa stature.

L'orgueil revêt une double force : il est spirituel, et c'est lorsqu'il s'adresse à la perfection qu'il voit dans ceux qui font le bien. Il est charnel, et alors il s'inspire de quelque qualité extérieure.

Or, celui qui est possédé de l'orgueil spirituel a coutume de se croire en possession de grands mérites, de s'attribuer des grâces considérables, de penser qu'il est très-aimé de Dieu, de s'étonner de ne point opérer des merveilles, de se troubler de ce que Dieu ne lui donne point je ne sais quoi de spécial, de mépriser les autres comme des hommes tout terrestres. Un tel vice expose à de graves dangers et est plus à redouter que les vices de la chair. En effet, il n'en est aucun qui épuise autant toutes les vertus, et dépouille autant l'homme de toute justice et de toute sainteté que le fléau de l'orgueil.

Celui donc qui veut échapper aux traits de ce monstre pervers doit, dans chacun des actes où il sent qu'il a fait du progrès dans la vertu, s'écrier du fond du coeur : « Ce que je suis, je le suis par la grâce de Dieu, » et penser que c'est Dieu qui opère en nous le vouloir et son accomplissement selon qu'il lui plaît[1]. Il faut aussi se rappeler que le bien qui est en nous est un don de Dieu, et que nous en rendrons un compte rigoureux; ensuite que ce bien est mélangé de beaucoup de défauts, de tiédeur, d'hypocrisie, etc., et qu'en outre nous sommes remplis d'une multitude de choses mauvaises, vicieuses. Il faut encore arrêter ses regards sur les hommes qui sont meilleurs que nous et sur les anges, afin que la comparaison que nous établissons entre eux et nous serve à nous humilier davantage.

L'orgueil charnel se reconnaît à ces indices : il est dans le silence, plein de murmure, d'amertume et de colère; dans la joie, il est dissolu, il rit sans mesure et sans cause; dans la tristesse, il est dur et sévère; dans la correction il est haineux et sans compassion: il parle au hasard, sans gravité, sans réflexion ; il est sans patience et sans charité; il lance l'injure avec hauteur et ne la reçoit qu'avec pusillanimité; il se soumet difficilement à l'obéissance, dédaigne les avertissements et est opiniâtre en sa volonté propre ; il s'efforce de faire prévaloir ses sentiments et refuse d'acquiescer jamais à ceux des autres; il ne prend conseil de personne et a plus de confiance en ses lumières que dans celles des sages.

Le premier remède contre un tel vice, c'est d'embrasser l'obéissance en toute simplicité de coeur, et de la pratiquer humblement. Le second c'est de se montrer humble envers ses frères dans toute la sincérité de son âme, s'efforçant de ne les blesser en rien par un parfait acquiescement à leurs vues. Le troisième c'est de s'exercer en tout temps, le plus qu'on le peut, aux oeuvres d'humilité, aux charges les plus viles et les plus dédaignées, comme de servir à la cuisine, laver la vaisselle, balayer la maison, d'embrasser les offices les plus bas, de n'être revêtu que d'un pauvre habit, et d'avoir dans sa démarche un maintien où respire l'humilité. Si l'on contracte l'habitude de toutes ces choses, elles inclineront le coeur à cette vertu. Le quatrième c'est de fuir les honneurs, préférer de beaucoup en tout temps servir les autres que d'en être servi, retrancher dans son langage toute parole prétentieuse, tout nom de jactance, même le nom de sa famille. Enfin, en dernier lieu, éviter toute distinction et tout acte où respireraient tant soit peu la présomption et la vanité.

L'humilité, qui est opposée à l'orgueil, à trois degrés.

Le premier c'est de nous reconnaître nous-mêmes faibles, vides de bien, vicieux, pleins des autres défauts que nous pouvons avoir, et de ne pas nous élever au-dessus de ce que nous sommes.

Le second c'est de désirer être jugés par les autres selon qu'on se connaît soi-même dans la vérité, c'est-à-dire vil, misérable, superbe, etc.

Le troisième c'est de ne point s'enorgueillir lorsqu'on pratique les vertus les plus sublimes, lorsqu'on est environné d'honneurs, et de ne point en prendre occasion de se flatter soi-même, mais de tout rapporter à celui de qui nous avons tout reçu et de le lui restituer sans réserve. Telle fut l'humilité de Jésus-Christ; telle est l'humilité des anges et des saints dans la gloire.

---

1. I Cor., 15.

EXERCICES SPIRITUELS

Si vous voulez vous conserver dans la vertu, il vous faut avoir des exercices spirituels afin d'occuper votre esprit, autrement vous ne sauriez vous promettre la persévérance.

I.

Exercez-vous d'abord à la prière ainsi qu'il suit, quant au temps et à la manière. Au commencement de toute action et de tout travail vous invoquerez le Seigneur et vous lui adresserez cette courte invocation : O mon Dieu! venez à mon secours. Ayez pitié de moi, mon Dieu! ou autre semblable. Vous prierez encore lorsque vous entendrez sonner la cloche ou l'horloge; mais contentez-vous de le faire intérieurement et avec ferveur, de façon que vous trouvant avec les autres, ils ne s'en aperçoivent pas.

II.

Secondement, toutes les fois que la cloche sonnera, formez en général, mais de tout votre cœur, la résolution de vous corriger de vos fautes, et ajoutez-y une courte prière de la durée d'un Notre Père.

Avant toute action considérable pensez un peu comment, dans vos résolutions, vous vous étiez proposé d'agir.

Ayez toujours soin le matin d'arrêter comment vous voulez vous conduire durant tout le jour; et ensuite avant chaque action extérieure et durant cette action, vous vous rappellerez brièvement vos résolutions.

De même trois ou quatre fois le jour, renouvelez de tout votre cœur vos bonnes dispositions contre le péché d'orgueil.

III.

Votre troisième exercice consistera à avoir quelque sujet particulier pour occuper votre pensée dans le temps libre. Vous en aurez un spécial pour chaque jour; vous vous en occuperez souvent et vous y reviendrez de temps à autre.

Le dimanche, pensez au royaume des cieux.

Le lundi, au jugement dernier.

Le mardi, aux bienfaits de Dieu.

Le mercredi, à la mort.

Le jeudi, aux peines de l'enfer.

Le vendredi, à la Passion du Seigneur.

Le samedi, à la bienheureuse Vierge, notre souveraine, et à vos péchés.

Cependant unissez chaque jour la Passion du Seigneur et le souvenir des bienfaits de Dieu au sujet ordinaire de la journée. Et à chacune des heures, comme matines, prime, tierce, etc., aimez à vous rappeler ce que le Seigneur souffrit à cette heure, après avoir pensé brièvement à votre sujet ordinaire. J'ai l'espérance qu'en méditant et en agissant de la sorte, vous passerez votre temps d'une manière convenable.

IV.

Exercez-vous chaque jour à des œuvres d'humilité et d'abjection, comme de choisir toujours la dernière place, de vous mépriser vous-même du fond du cœur, de vous estimer indigne des louanges de qui que ce soit, et de tout renvoyer à Dieu. Soit qu'on vous loue, soit qu'on vous blâme, ne vous en inquiétez pas; considérez-vous vous-même, et vous trouverez que vous ne méritez aucun éloge ; que vous êtes, au contraire, vraiment digne de tout opprobre. Et lorsque vous serez avec les autres, demeurez silencieux, modeste et plein de douceur, sans cependant sortir des limites convenables.

V.

Evitez tout ce qui est un signe d'orgueil, comme de crier trop haut en parlant, et autres choses semblables.

VI.

Considérez souvent en quelles fautes vous tombez dans vos diverses actions, et ne souffrez pas que le désordre le plus léger passe inaperçu et sans réprobation; car celui qui ne fait aucun cas des petites choses, tombe souvent en de plus grandes.

VII.

Veillez avec un soin tout particulier à la garde de vos yeux en quelque lieu que vous soyez, car la négligence en ce point entraîne des maux infinis. Gardez-les donc par-dessus tout.

VIII.

Considérez les actions des autres, soit bonnes, soit mauvaises. Lorsque vous verrez quelqu'un commettre le péché, vous penserez que si Dieu lui accordait une grâce aussi grande qu'à vous, il se corrigerait avec beaucoup plus de ferveur que vous ne le faites. Lorsque, au contraire, une bonne action viendra frapper vos regards, vous examinerez comment vous pouvez l'imiter.

IX.

Tout ce que vous verrez et entendrez chez les autres, interprétez-le en bonne part; de la sorte vous ne ferez aucun jugement téméraire.

X

En quelque lieu que vous soyez, conservez un extérieur modeste et bien réglé, pour ne point donner aux autres de mauvais exemple ; car un extérieur désordonné est l'indice d'une âme sans piété.

XI.

Ayez soin aussi de ne jamais rien faire, nulle part, qui puisse être une occasion de scandale ou inspirer des soupçons peu avantageux; car le mauvais exemple est toujours bien dangereux.

XII.

Résistez courageusement aux tentations ; abstenez-vous des choses de la chair et rejetez-les bien loin, car le salut ne saurait se trouver en de semblables choses.

XIII.

Enfin, soyez toujours dans la crainte ; conservez-vous dans la plus grande modestie, et agissez lorsque vous êtes seul comme vous feriez en présence des autres ; car Dieu est témoin de toutes vos actions.

Vous vous appliquerez à pratiquer en général ces exercices, autant que vous le pourrez ; et vous prierez instamment le Seigneur de vouloir bien vous donner la grâce dont vous avez besoin pour cela, car sans lui vous ne pouvez rien faire.

[1]Je passerai donc de ce qui est extérieur aux choses intérieures, et des choses intérieures je m'élèverai à celles qui sont au-dessus de moi, afin de connaître d'où je viens et où je vais. Je me demanderai ce que je suis et quelle est mon origine, afin

d'arriver par la connaissance de moi-même à la connaissance de Dieu ; car plus j'avancerai dans ma propre connaissance, plus je m'approcherai de celle de Dieu. Quelle est mon origine ? Selon l'homme extérieur je viens de ceux qui m'ont donné la vie ; j'étais condamné avant que d'être montré au jour. Pécheurs eux-mêmes, mes parents m'ont engendré dans le péché, et coupable comme eux, ils m'ont nourri de leur péché. Que suis-je ? Un homme formé d'une vile boue. J'ai été conçu, comme le reste des mortels, de la substance de l'homme ; bientôt cette substance, prenant des accroissements successifs, s'est changée en chair ; ensuite j'ai paru en l'exil de ce monde au milieu des larmes et des gémissements ; et devenu plus grand, je me suis trouvé rempli d'iniquités. Maintenant je vais me présenter devant le Juge sévère, et il dira de moi : Voici l'homme et ses œuvres. — Méditez toutes ces choses le plus profondément possible.

---

1. Tout ce passage est tiré en grande partie du petit livre intitulé : Méditations de saint Bernard.

Copyright © 2022 par SSEL
Scribere Semper Et Legere
Design de la couverture : Canva.com, SSEL
IBSN Ebook 979-10-299-1423-2
ISBN Livre Broché 979-10-299-1424-9
Tous Droits Réservés

www.ingramcontent.com/pod-product-compliance
Lightning Source LLC
LaVergne TN
LVHW030344070526
838199LV00067B/6448